NOTE

SUR UNE LETTRE PUBLIÉE

Le 12 Novembre 1871

Dans le *Courrier de Saône-et-Loire*

J'ai fait remettre, le 8 décembre, au *Courrier de Saône-et-Loire*, une note dont la publication avait été retardée par différentes circonstances et qui devait paraître le lundi ou le mardi suivant.

Elle n'est pas encore publiée, aujourd'hui 17 décembre. Je la donne ici avec quelques additions.

J'avais déjà envoyé au *Courrier*, sur l'affaire de Danjoutin, une lettre qu'il a insérée avec les pièces à l'appui dans les numéros du 15 et du 16 novembre dernier. Jamais jusque-là je n'avais écrit une seule ligne dans ce journal, et je ne lui ai fait ces communications que parce qu'elles sont une réponse à des attaques publiées par lui contre la 6ᵉ et la 7ᵉ compagnie du 2ᵉ bataillon de Saône-et-Loire.

Voici la note dont il s'agit :

« Le *Courrier* du 12 novembre a publié une lettre adressée par cinq officiers de la 1ʳᵉ et de la 3ᵉ compagnie du 2ᵉ bataillon de Saône-et-Loire à M. Belin, auteur d'un livre sur le siége de Belfort.

On lit dans cette lettre :

« Le 12 décembre, on nous envoyait de Perouse, où nous étions cantonnés depuis longtemps, à Danjoutin ; le lendemain, nos compagnies reçurent l'ordre, les unes d'attaquer le bois de Bavilliers, les autres d'occuper Andelnans où se trouvait une grand'garde de francs-tireurs d'Altkirch. Il faisait un brouillard intense, ce qui nous permit d'entrer dans le bois sans être aperçus. L'ennemi se retira précipitamment et nous nous avançâmes presque jusque sur les batteries construites entre Bavilliers et Essert. »

La 6e compagnie, la seule de son bataillon qui ait combattu à Bavilliers, n'est pas même nommée dans ce passage, et personne assurément n'y reconnaîtra le fait d'armes du 13 décembre ; on se borne à dire que « l'ennemi se retira précipitamment. » Le lecteur doit croire que les signataires de la lettre, ou au moins quelques-uns d'entre eux, ont pris part à ce combat, et qu'ils sont intéressés, par conséquent à en exagérer plutôt qu'à en amoindrir l'importance. Or, je le répète, aucun de ces officiers ne s'y trouvait, et leur récit de la prise de Danjoutin, les éloges qu'ils prodiguent à M. Belin expliquent la manière dont ils parlent de l'affaire de Bavilliers. J'aurai plus tard à discuter cette lettre, où l'on remarque des phrases comme celles-ci :

« L'ennemi s'était établi dans les maisons et il nous entourait de tous côtés avec de grandes forces. On fit à la hâte des barricades avec des meubles et des tonneaux et on commença une fusillade terrible, presque à bout portant. Cela dura 12 heures presque sans interruption. »

Ce que je tiens à dire dès à présent, c'est que M. Belin, jeune avocat à peine hors des bancs de l'école, n'a rien de ce qui serait nécessaire pour donner quelque autorité à son « livre. » Les fonctions qu'il remplissait pendant le siége lui ont permis de passer au fond d'une casemate les soixante et treize jours du bombardement. Un journal de Lyon, le *Salut Public*, a même rapporté sur son obstination à n'en jamais sortir un trait que M. Belin n'a pas démenti.

Voici le dernier alinéa du passage où il raconte, à sa manière, la prise de Danjoutin :

« Cet événement fut aussitôt connu à Belfort. Il y produisit une émotion naturelle. Chacun l'interpréta, le commenta à sa façon. L'avis général était qu'il y avait eu de grandes fautes commises. Mais on les imputait, un peu à la légère, les uns au commandant de Danjoutin, les autres aux commandants des forts voisins de ce village, d'autres au commandant supérieur, etc. On songeait peu aux compagnies de Saône-et-Loire qui, placées au passage à niveau du chemin de fer, avaient précisément pour mission d'empêcher la rupture des communications entre Belfort et Danjoutin, et qui, en se repliant sur le Fourneau, avaient permis à l'ennemi d'envelopper le village. La retraite de ces compagnies était cependant, à ce moment, de toutes les fautes qui ont pu être commises, la plus grande et la plus évidente. Pour être complet, j'ajouterai qu'ordre fut donné d'informer en conseil de guerre contre les officiers du détachement de Saône-et-Loire. Mais les témoins à charge avaient été faits prisonniers à Danjoutin. L'information ne put aboutir. »

Je n'ai pas besoin de répéter ce que j'ai dit dans le *Courrier* du 15 Novembre, au sujet de MM. Charollais et Carré, mais je ne sais rien de plus triste que ces attaques par la voie de la presse contre des officiers traduits devant la justice militaire sous une accusation capitale. C'est là un procédé inconnu jusqu'à ce jour en France, une des preuves les plus frappantes de cet abaissement moral qui a fait pour nous de la dernière campagne contre les Allemands un désastre sans exemple dans l'histoire. A toute autre époque, ces attaques constamment renouvelées dans un intérêt personnel seraient tombées depuis longtemps devant la réprobation publique. De deux choses l'une, en effet :

Ou MM. Charollais et Carré ont manqué à leur devoir par

cela seul que, « en se repliant sur le Fourneau, ils ont permis à l'ennemi d'envelopper le village, » et alors que parle-t-on de témoignages et d'enquête ? Le fait n'est ni contestable, ni contesté par personne : MM. Charollais et Carré devaient donc être immédiatement jugés et condamnés à Belfort ;

Ou il faut démontrer que ces officiers ont eu tort d'agir comme ils l'ont fait ; et alors où sont les preuves ? Non-seulement ceux qui les accusent dans des livres et des journaux n'en peuvent produire aucune, mais deux ordonnances de non-lieu ont été rendues dans cette affaire. On dit que l'information ne put aboutir par suite de l'absence des « témoins à charge » faits prisonniers à Danjoutin ; or, voilà neuf mois que ces témoins annoncés d'un ton si affirmatif par M. Belin comme les accusateurs de leurs camarades, sont revenus des prisons de Rastadt. Sans doute, la justice militaire a ses motifs pour prolonger l'instruction, et personne n'a le droit de lui en demander compte; mais ces délais mêmes sont la plus sévère condamnation, et des hommes qui tranchaient, dès les premiers jours, la question qu'une si longue procédure n'a pas encore résolue, et de ceux qui ne craignent pas de répéter une accusation sans preuve.

M. Belin fournit, du reste, des armes contre la cause qu'il croit défendre. De son propre aveu, « *l'avis général était qu'il y avait eu de grandes fautes commises*, » fautes que les uns imputaient « AU COMMANDANT DE DANJOUTIN, LES AUTRES AUX COMMANDANTS DES FORTS VOISINS DE CE VILLAGE, D'AUTRES AU COMMANDANT SUPÉRIEUR, etc. ON SONGEAIT PEU, » dit-il « AUX COMPAGNIES DE SAONE-ET-LOIRE. » Et qui donc y a songé depuis — dans le public, car je ne parle pas de l'action judiciaire,— qui donc y a songé, sinon les hommes intéressés à se disculper eux-mêmes des « grandes fautes commises » ou à en flatter les auteurs ? Certes, l'opinion publique avait doublement raison de reconnaître ces grandes fautes et de ne pas les « imputer » aux compagnies de Saône-et-Loire. Plus on étudiera cette affaire, plus on restera convaincu que Danjoutin a vu se produire, sur une petite échelle, une série de faits dont on trouverait à peine l'équivalent dans l'histoire des sièges ; jamais garnison, même sacrifiée d'avance par ses chefs, n'a été victime de « circonstances » plus malheureuses et plus indépendantes de sa propre conduite ; jamais aucune, surtout, n'a été plus mal récompensée de son dévouement. Eh bien, ces compagnies si injustement traitées ont éprouvé un malheur plus grand encore : elles se sont « divisées contre elles-mêmes. » Je ne sais quel mauvais génie a semé la discorde parmi des compatriotes, des frères d'armes, si unis au début de la guerre et dont une rude campagne faite ensemble aurait dû rendre les liens plus étroits. Les hommes revenus dans la place et les prisonniers emmenés à Rastadt ont pu se croire mutuellement responsables en grande partie, sinon de la prise de Danjoutin, au moins des circonstances qui l'ont accompagnée. Le rapport de M. Gély autorisait ces accusations réciproques ; il avait, d'ailleurs, beaucoup plus d'importance contre la 1re et la 3e compagnie que contre la 6e, car, en accusant cette dernière, M. Gély parlait de faits dont il n'avait ni été ni pu être témoin, tandis que, en accusant les deux autres, il parlait de ce qu'il avait vu ou pu voir de ses propres yeux. Jusqu'à présent néanmoins, personne, dans la 6e compagnie ou en son nom, n'a publié un seul mot contre aucun des prisonniers, pas même pour répondre aux hommes qui ne savent pas les défendre sans blâmer leurs camarades rentrés à Belfort. De telles attaques, dont il est facile de s'expliquer le motif, manquent complètement leur but ; contraires à l'intérêt général du bataillon, elles seront plus nuisibles encore aux intérêts particuliers qu'on veut servir.

Chalon-sur-Saône, le 7 décembre 1871.

      Signé : Cte DE CHARDONNET.

Je ne dirais rien en ce moment de la délibération du conseil municipal de Danjoutin, publiée aussi dans le *Courrier* du 12 novembre, si on n'y retrouvait la même intention malveillante contre la sixième et la septième compagnie. Il ne sera pas sans intérêt de savoir qui a pris l'initiative de cette délibération, et surtout qui doit faire les frais du « monument commémoratif. »

Voilà les observations que j'ai adressées le 8 décembre au *Courrier de Saône-et-Loire*, mais je dois repousser encore ici des allégations complètement erronées.

On lit dans une lettre de M. de La Loyère au colonel Denfert, sous la date du 8 avril 1871 :

« Dans ce combat dont vous entendiez, m'avez-vous dit, la fusillade jusqu'à dix heures et demie du matin, sans la disparition, expliquée *peut-être*, d'une compagnie dont je ne fais pas le procès, Dieu m'en garde! *sans la surprise de la 7ᵉ qui en a été la conséquence*, cet avant-poste périlleux de Danjoutin, dont la garde lui avait été remise par vous, aurait été conservé à Belfort par ce bataillon de Saône-et-Loire, auquel, et avec raison, vous aviez donné une extrême preuve de confiance en le laissant, depuis plus de sept semaines, au poste d'honneur en avant-garde, soit à Perouse, soit à Danjoutin, sans l'avoir jamais fait relever une seule journée pour le ramener dans l'enceinte de la ville. »

J'aurai à contester presque toutes ces assertions ; je me borne aujourd'hui à une seule :

La « surprise » de la 7ᵉ compagnie, — si on peut donner ce nom à une attaque soudaine, mais prévue, mais devenue inévitable, mais annoncée par mon fils pour cette nuit même dans plusieurs rapports dont le dernier est daté du 7 janvier, à 8 heures du soir — cette prétendue surprise n'a pas été la conséquence de ce que M. de La Loyère appelle la disparition de la 6ᵉ compagnie. La première section de cette dernière et la 7ᵉ compagnie ont été assaillies presque en même temps. Quant à la 2ᵉ section, commandée par mon fils et occupant un poste séparé de celui de la 1ʳᵉ par un intervalle d'environ 200 mètres, je répète ici ce que j'ai dit à M. Denfert, le 11 mai dernier, dans une lettre publiée par le *Courrier de Saône-et-Loire* du 16 novembre :

« Mon fils voulait garder son poste ; c'était là une résolution inspirée par un sentiment peut-être exagéré du point d'honneur militaire, car la défense de la position eût été absolument inutile devant des forces si supérieures en nombre. » (Les deux colonnes allemandes qui s'étaient dirigées au pas de course, celle de gauche sur le passage à niveau du chemin de fer, et celle de droite sur la partie du village occupée par la 7e compagnie, étaient fortes de 7 à 800 hommes chacune.)
« La section de mon fils en comptait à peine 45, dont pas un seul n'avait manqué à son service malgré le bombardement qui venait d'incendier la maison dite « des Anabaptistes. Elle avait tiré sur les Allemands dès qu'ils étaient sortis des bois, mais elle s'était bientôt vue tournée des deux côtés sans avoir été attaquée de front. Cette poignée d'hommes ainsi pris à revers et coupés de toute communication avec le reste de la garnison du village, se seraient fait tuer jusqu'au dernier qu'ils n'eussent pas retardé d'une minute la marche de l'assaillant. Presque tous se replièrent dans la direction du Fourneau, la seule qu'ils pussent encore suivre. Plusieurs furent tués ou blessés dans le trajet ; d'autres étaient tombés dans la tranchée. Mon fils y resta néanmoins jusqu'à ce qu'il n'eût plus que quatre ou cinq de ses hommes avec lui. Il pouvait alors se rendre sans courir aucun danger. Il préféra opérer sa retraite, au péril de sa vie, et une balle l'atteignit à la main pendant qu'il traversait l'espace battu par des feux croisés partant du chemin de fer et du village. Je n'ai pas besoin de vous rappeler, Colonel, pourquoi il n'a pu revenir à Danjoutin comme il l'avait espéré. La mort du brave capitaine Degombert, tombé à quelques pas de lui, le prive d'un témoignage qui lui eût été hautement favorable, mais ces faits sont notoires et peuvent être prouvés facilement de manière à défier toute contradiction. »

J'ajoute que beaucoup des témoins de sa conduite ne sont pas des hommes intéressés à se vanter mutuellement et parlant de faits qu'eux seuls ont pu voir : outre sa compagnie et une partie de la 7e, c'est encore une compagnie du Haut-Rhin. Tous l'ont vu revenir couvert de sang et l'un des deux ou trois derniers de sa section ; tous l'ont vu marcher au premier rang lors des tentatives qui furent faites sur Danjoutin par les compagnies que je viens de désigner, d'abord seules, puis plus tard avec celles du Rhône. Eh bien ! M. Belin et les autres accusateurs intéressés de la 6e compagnie n'en ont jamais distingué les deux sections. Je ne doute pas, je l'ai déjà dit, que MM. Charollais et Carré n'aient fait complètement leur devoir et qu'une justice éclatante ne leur soit enfin rendue; mais mon fils, comme le reconnaît M. Denfert, n'a jamais été l'objet d'aucune poursuite, et on continue à répéter que *les* officiers de la 6e compagnie ont été traduits devant un conseil de guerre.

M. de La Loyère écrivait encore, le 8 avril, au colonel Denfert : « Vous étiez ignorant, m'avez-vous dit, des détails de cette affaire, vous ne saviez en effet que ce qu'avaient pu raconter *ceux qui n'ont malheureusement pas fait tout leur devoir.* »

Je pourrais multiplier les citations dans le même sens, mais elles seraient inutiles pour le but que je me propose aujourd'hui.

Ma lettre adressée au rédacteur du *Courrier de Saône-et-Loire*, et insérée avec les pièces à l'appui dans les numéros du 15 et du 16 novembre dernier, explique pourquoi j'avais gardé le silence jusqu'alors. Je m'étais abstenu dans cette lettre de répondre aux attaques contre la 6e compagnie, et j'ai même abrégé beaucoup mes observations du 7 décembre. Je pouvais néanmoins, sans entrer dans la discussion des faits, insister sur l'esprit qui a dicté la lettre des cinq officiers de la 1re et de la 3e compagnie. Ce n'est pas seulement par la manière dont on raconte la prise de Danjoutin qu'on s'y montre hostile à la 6e compagnie, c'est surtout par les éloges qu'on prodigue à M. Belin et à son « livre; » on prend ainsi la responsabilité d'une telle œuvre ; on la prend même directement dans les lignes suivantes :

« De grandes fautes, COMME VOUS LE DITES, ont été commises et de graves responsabilités pèsent sur quelques personnes. Ce n'est pas à nous à indiquer les unes, ni à désigner les autres. »

Comment M. Belin a-t-il pu trouver des admirateurs parmi les officiers du 2ᵉ bataillon de Saône-et-Loire, et entre autres M. de La Loyère fils ? Je ne sache pas cependant que ni M. Charollais ni personne de la 6ᵉ compagnie aient appuyé l'accusation portée contre ce jeune capitaine pour l'affaire de Plancher-Bas.

Quant au rapport de M. Gély, c'est une des pièces que je me réserve de discuter lorsque l'affaire de M. Charollais ne sera plus « pendante devant la justice militaire, et après la décision du conseil d'enquête, appelé, comme l'a dit M. Denfert, aux termes de la législation, à examiner la conduite de M. Gély. »

Chalon-sur-Saône, le 17 décembre 1871.

Signé, Cᵗᵉ de CHARDONNET.

Chalon, Imp. J. DEJUSSIEU.

www.ingramcontent.com/pod-product-compliance
Lightning Source LLC
Chambersburg PA
CBHW071432060426
42450CB00009BA/2143